Urlaubsküche
daheim genießen

mit Gabi Wolpensinger

China

Indien

Kochbuch für das Modell TM31

Lektorat und Redaktion: Michaela Keller

Verlag: Versand- und Verlagsbuchhandlung M. Keller, Im Gaiern 10, 71287 Weissach

Internet: http://www.tm-kochbuch.de

E-mail: info@keller-versanwdbuchhandlung.de

Satz & Layout: Versand- und Verlagsbuchhandlung M. Keller
Bildnachweis:
Vorderseite - Bild links oben © Tersina Shieh, Bild rechts oben © fkruger, Bild links unten @ International cousine - Jean-Blaise Hall, Photo Alto, Bild rechts unten © Tommy Schultz.
Alle Innenseiten: © Gabi Wolpensinger
Ausser Seite 1 (oben) © Digitalpress - Fotolia.com, Seite 1 (unten) © Nathalie Dulex - Fotolia.com, Seite 9 - Bild links © rudybaby - Fotolia.com, Bild mitte © Jürgen Effner - Fotolia.com, Bild rechts © Jgz - Fotolia.com, Seite 77 - Bild links © Anna Polishchuk - Fotolia.com, Bild mitte © Ronnie - Fotolia.com, Bild rechts @ International cousine - Jean-Blaise Hall, Photo Alto

1. Auflage August 2010

Hinweis:

Die vorliegenden Rezepte können mit der Küchenmaschine TM 31 zubereitet werden.
Alle in diesem Buch enthaltenen Angaben, Daten, Ergebnisse etc. wurden von der Autorin nach bestem Wissen erstellt und von ihr und dem Verlag mit größtmöglicher Sorgfalt überprüft. Eine Verantwortung und Haftung für etwaige inhaltliche Unrichtigkeiten kann jedoch nicht übernommen werden. Der Haftungsausschluss gilt nicht, soweit nach dem Produkthaftungsgesetz für Personen- und Sachschäden gehaftet wird. Jeder Leser muss beim Umgang mit den genannten Stoffen, Materialien, Geräten usw. Vorsicht walten lassen, Gebrauchsanweisungen und Herstellerhinweise beachten sowie den Zugang für Unbefugte verhindern.

Erklärungen:

Begriffe:

Begriff **„in Stücken"** - die Stücke einer Zutat gerade so groß schneiden, dass sie durch die Deckelöffnung passen, auch wenn Sie die Zutat direkt in den geöffneten Topf schneiden.

Begriff **„Abstauben"** - wenn der Hefeteig oder der Sauerteig im Topf noch klebt, dann mit dem Spatel am Rand des Topfes den Teig lösen und 1-3 EL Mehl über den Teig streuen. Nach Möglichkeit das Mehl direkt an den Topfrand geben. Topf verschließen und etwas festhalten, 10 Sekunden / Stufe 7 hochdrehen. Das Mehl wird schnell untergearbeitet und der Teig sollte nun nicht mehr kleben. Machen Sie eine Fingerprobe! Wenn kein Teig mehr am Finger hängen bleibt, ist er ok.

Garstufe - die höchste Temperaturstufe (Varomastufe)

Garaufsatz - hier ist der Aufsatz (mit durchsichtigem Deckel) gemeint, der auf den geschlossenen Topf aufgesetzt wird.

Einlegeboden - der Zwischenboden mit Löchern, der beim Bedarf in den Garaufsatz eingesetzt wird.

Garkörbchen - das gelochte Sieb, das direkt in den Topf eingehängt wird.

Abkürzungen:

MB - Messbecher, mit dem man den Topfdeckel verschließt, (100 ml)

Msp. - Messerspitze

TL - Teelöffel

EL - Esslöffel

KH - Kohlenhydrate

BE - Broteinheiten

Nährwerte sind für 100 g angegeben. Falls Sie die **WW-Punkte** verwenden, ist es Ihnen möglich, sie mit dem Kalkulator selber zu berechnen. Alle notwendigen Angaben, die Sie für die Berechnung mit dem ProPoints® Kalkulator benötigen, haben wir in den Nährwerten aufgeführt.

Die Gerichte sind für **4 Personen** berechnet.

Notizen:

China

Indien

Inhaltsverzeichnis

China

Frischer Sprossensalat

½ Liter heißes Wasser	in den Mixtopf geben.
ca. 200 g frische Sojasprossen	im Garkörbchen **10 Minuten / Garstufe / Stufe 1** erhitzen.
	Kalt abschrecken und abtropfen lassen.
1 rote Paprika	in großen Stücken in den Mixtopf geben.
	3 Sekunden / Stufe 4 zerkleinern.
½ Dose Bambussprossen (90 g)	in Streifen schneiden und zugeben.
gedünstete Sojasprossen (s. oben) *30 g Weißweinessig* *20 g Sojasoße* *1 Prise Zucker* *weißer Pfeffer* *20 g Sojaöl*	Restliche Zutaten in den Mixtopf geben und **5 Sekunden / Stufe 1** vermischen.
Salatblättern	Auf anrichten.

Nährwerte je 100 g: **66,21** kcal • **276,67** KJ
3,01 g Eiweiß • **4,30 g** Fett • **3,56 g** KH • **2,47 g** Ballaststoffe • **0,29** BE

Spargelsalat

500 g grüner Spargel	Holziges Ende abschneiden. Den Spargel in Stücke teilen und in das Garkörbchen geben.
	In den Mixtopf
500 g heißes Wasser	und
½ TL Salz	geben und **15 Minuten / Garstufe / Stufe 2** garen. Kalt abschrecken und abtropfen lassen.
20 g Sesamöl	in den Mixtopf geben.
20 g Cashewnüsse	zugeben und **1 Minute / 100°C / Stufe 1** erhitzen.
1 rote Paprika	in Streifen geschnitten zugeben und **1 Minute / 100°C / Stufe 1** weiterdünsten.
30 g Sherry *1 Prise Zucker* *20 g Weißweinessig* *10 g Sojasoße*	Restliche Zutaten zugeben und **1 Minute / 100°C / Stufe 1** erhitzen.
	Mit den Spargelstückchen in eine Schüssel geben und mind. ½ Stunde ziehen lassen.
	Mit
Salz, Pfeffer	würzig abschmecken.

Nährwerte je 100 g: **64,22** kcal • **268,70** KJ
2,13 g Eiweiß • **4,19 g** Fett • **3,23 g** KH • **1,84 g** Ballaststoffe • **0,27** BE

Mariniertes Chinagemüse

Je 1 rote und gelbe Paprika	vierteln, Kerngehäuse entfernen, waschen und in den Mixtopf geben.
	5 Sekunden / Stufe 5 zerkleinern.
	In eine Glasschüssel füllen.
1 Knoblauchzehe	und
1 cm Ingwer, geschält	in den Mixtopf geben und **3 Sekunden / Stufe 7** zerkleinern.
5 g Sesamöl *15 g Sambal Oelek* *20 g Weißweinessig* *20 g Wasser* *5 g brauner Zucker*	für die Soße Zutaten in den Mixtopf geben und **4 Minuten / 100°C / Stufe 2** erhitzen. Abkühlen lassen und über das Gemüse geben.
1 Glas Bohnenkeimlinge	in einem Sieb abwaschen, abgetropft zu Paprika geben.
6 Blätter Eisbergsalat	in Streifen schneiden und kurz vor dem Servieren zugeben.
Petersilie	als Garnierung darüberstreuen.

Nährwerte je 100 g: **42,21** kcal • **176,17** KJ
1,91 g Eiweiß • **1,26 g** Fett • **5,34 g** KH • **3,83 g** Ballaststoffe • **0,44** BE

Grüner Salat mit Hackbällchen

1 Bund Frühlingszwiebel	ohne die dunkelgrünen Enden in Stücken in den Mixtopf geben.
300 g Schweinehackfleisch *½ TL Ingwer, 1 TL Sambal Oelek* *1 Ei, Schale ½ Zitrone* *1 geh. TL Meersalz, Pfeffer*	Hackfleisch, Gewürze und das Ei zugeben, **30 Sekunden / Knetstufe** mischen. Walnussgroße Bällchen formen und in den Garaufsatz legen.
200 g Spargel	schälen, in Stücken in den Einlegeboden (vom Garaufsatz) geben.
Sojasoße	Mit beträufeln.
½ Eisbergsalat	waschen, trocken schleudern und in Streifen schneiden. In eine Salatschüssel geben.
1 Knoblauchzehe	in den Mixtopf geben und **5 Sekunden / Stufe 5** zerkleinern.
1 TL Sambal Oelek *Saft 1 Zitrone* *Salz & Pfeffer* *25 g Sesamöl* *10 g Sojasoße*	in den Mixtopf zugeben und **8 Sekunden / Stufe 4** mischen. Zum Salat geben.
150 g rote und gelbe Paprika	in Stücken in den Mixtopf geben. **4 Sekunden / Stufe 4** zerkleinern. Zum Salat geben.
500 g heißes Wasser	in den Mixtopf geben, den Garaufsatz mit dem Einlegeboden aufsetzen. **25 Minuten / Garstufe / Stufe 2** garen. Auskühlen lassen und mit dem Salat anrichten.

Nährwerte je 100 g: **103,91** kcal • **434,71** KJ
7,17 g Eiweiß • **6,58 g** Fett • **3,81 g** KH • **1,75 g** Ballaststoffe • **0,32** BE

Eiersuppe

je ½ rote und grüne Paprika	in Stücken in den Mixtopf geben. **3 Sekunden / Stufe 4** zerkleinern. Umfüllen.
1 Zwiebel	schälen, in den Mixtopf geben und **4 Sekunden / Stufe 5** zerkleinern.
1 ½ Liter heißes Wasser	mit
3 TL gekörnte Gemüsebrühe	und
20 g Sojasoße	in den Mixtopf geben.
2 Stück Hähnchen-brustfilet (300 g)	in Garkörbchen geben und einsetzen. **15 Minuten / Garstufe / Stufe 2** garen. Garkörbchen mit Hähnchenbrust herausnehmen und Fleisch in Streifen schneiden.
2 Eier	in die Brühe geben und **5 Sekunden / Stufe 3** rühren.
100 g Champignon	in Scheiben schneiden und zugeben.
zerkleinerter Paprika *100 g Mungobohnensprossen* *20 g Weißweinessig* *20 g Sambal Oelek* *10 g Ketchup* *30 g in Wasser angerührtes Stärkemehl*	Restliche Zutaten zugeben und **2 Minuten / 100°C / Stufe 1** kochen.
Pfeffer & Salz	Mit abschmecken.

Nährwerte je 100 g: 33,03 kcal • 138,35 KJ
4,42 g Eiweiß • 0,79 g Fett • 1,93 g KH • 0,63 g Ballaststoffe • 0,16 BE

Scharf-Saure-Glasnudelsuppe

40 g Glasnudeln	20 Minuten in Wasser einweichen.
1 rote Paprika	in Stücken in den Mixtopf geben. **3 Sekunden / Stufe 4** zerkleinern. Umfüllen.
1 Liter Wasser *2 TL gekörnte Hühnerbrühe* *30 g Sojasoße* *¼ Chilischote ohne Kerne* *30 g Weißweinessig*	und in den Mixtopf geben und **10 Minuten / Garstufe / Stufe 1** erhitzen.
100 g Champignon	in Scheiben schneiden und zugeben.
100 g Zuckerschoten	schräg halbieren und zugeben.
zerkleinerter Paprika	zugeben.
100 g Brokkoli	in Röschen geteilt zugeben und nochmals **5 Minuten / 100°C / Stufe 1** kochen.
eingeweichte Glasnudeln	zugeben und **2 Minuten / 100°C / Stufe 1** kochen.

Nährwerte je 100 g: **22,87** kcal • **95,64** KJ
1,13 g Eiweiß • **0,23 g** Fett • **3,89 g** KH • **1,12 g** Ballaststoffe • **0,27** BE

Bunte Eiersuppe

150 g Hähnchenbrustfilet	in Streifen schneiden, mit
1 TL Chinagewürz (Rezept auf Seite 60)	
2 EL Sojasoße	würzen und mit Sojasoße vermischen.
1 Chilischote *1 Knoblauchzehe*	zusammen in den Mixtopf geben. **6 Sekunden / Stufe 7** zerkleinern.
1 rote Paprika	in Stücken zugeben. **8 Sekunden / Stufe 4** zerkleinern.
Hähnchenfleisch (s. oben)	zugeben und **4 Minuten / Garstufe / Stufe 1** dünsten.
1400 g heißes Wasser *3 TL gekörnte Gemüsebrühe* *10 g Reiswein* *50 g Möhren, in dünnen Streifen* *2 Frühlingszwiebeln, in Streifen* *80 g Weißkraut, in Streifen* *20 g Weißweinessig* *20 g Sojasoße* *50 g Ketchup*	Alle Zutaten zugeben und **18 Minuten / 100°C / Linkslauf / Stufe 1** kochen.
20 g in Wasser angerührtes Stärkemehl	zugeben. **2 Minuten / 100°C / Linkslauf / Stufe 1** kochen.
Pfeffer & Salz	Mit abschmecken.
2 Eier	zugeben und **6 Sekunden / Stufe 2** rühren.

Nährwerte je 100 g: **28,36** kcal • **118,86** KJ
3,25 g Eiweiß • **0,91 g** Fett • **1,65 g** KH • **0,46 g** Ballaststoffe • **0,14** BE

Chinesisches Huhn

20 g ungesalzene Erdnüsse im Mixtopf **5 Sekunden / Stufe 4-5** zerkleinern. Umfüllen.

Marinade:

½ cm Stück Ingwer geschält in den Mixtopf geben und **3 Sekunden / Stufe 7** zerkleinern.

20 g Reiswein
20 g Sojasoße
1 TL Chinagewürz (Rezept auf Seite 60)
Zitronenpfeffer
Saft 1 Zitrone Alles zugeben. **4 Sekunden / Stufe 3** mischen. Die Marinade umfüllen.

200 g Wildreis in das Garkörbchen geben.

1 Liter heißes Wasser
3 TL gekörnte Gemüsebrühe zugeben und das Garkörbchen einsetzen. Deckel schließen.

300 g Hähnchenbrustfilet in kleine Stücke schneiden. In den Garaufsatz geben.

½ Dose Bambussprossen (90 g)
zerkleinerte Erdnüsse
2 Mangoldblätter, in Streifen geschnitten
½ Glas Sojasprossen, abgetropft (90 g)
2 Frühlingszwiebeln, in Streifen Das Gemüse und die Erdnüsse in den Garaufsatz zugeben und alles mischen.

Den Garaufsatz auf den Mixtopfdeckel setzen und die Marinade über das Fleisch mit Gemüse geben.

30 Minuten / Garstufe / Stufe 2 garen.

Reis, Fleisch und Gemüse warm halten. Restliche Brühe für Soße im Mixtopf lassen!

Nährwerte je 100 g: **77,39** kcal • **323,95** KJ
6,11 g Eiweiß • **0,94 g** Fett • **10,59 g** KH • **0,84 g** Ballaststoffe • **0,88** BE

Soße:

Evtl. Wasser	auffüllen bis ½ Liter Flüssigkeit im Topf ist.
20 g Reiswein *10 g Stärkemehl* *1 TL Sambal Oelek*	Restliche Zutaten in den Mixtopf geben und **3 Minuten / 100°C / Stufe 4** kochen. Abschmecken. Soße über das Fleisch geben. Sofort servieren!

Chinesischer Salat

1 kleine Knoblauchzehe	in den Mixtopf geben. **5 Sekunden / Stufe 5** zerkleinern.
20 g Ananassaft *20 g Sojasoße* *20 g Weißweinessig* *10 g Sesamöl* *1 rote Paprika , in Stücken* *1 Glas Sojasprossen (180 g),*	abgewaschen und abgetropft
1 TL Sambal Oelek *Meersalz, Pfeffer*	Alle Zutaten in den Mixtopf geben. **4 Sekunden / Stufe 4-5** zerkleinern.
100 g Mango *80 g Ananas*	in Stücke schneiden und untermischen.

Nährwerte je 100 g: **63,51** kcal • **265,81** KJ
2,37 g Eiweiß • **2,44 g** Fett • **7,57 g** KH • **2,24 g** Ballaststoffe • **0,63** BE

Scharfes Curryfleisch

200 g Basmatireis	in das Garkörbchen geben.
800 g Wasser *3 TL gekörnte Hühnerbrühe*	mit in den Mixtopf geben und das Garkörbchen einsetzen. Den Topfdeckel schließen.
Marinade für Fleisch:	
1 Knoblauchzehe *2 cm Stück Ingwer*	mit in den Mixtopf geben. **3 Sekunden / Stufe 3** zerkleinern.
40 g Sojasoße *30 g Reiswein* *10 g Rohrzucker* *¼ TL Chiliflocken, Chinagewürz*	zugeben. **3 Sekunden / Stufe 4** mischen.
400 g Putenfilet	in Streifen schneiden und ½ Stunde marinieren, dann in den Garaufsatz geben. Rest der Marinade zu der Brühe geben.
2 Frühlingszwiebeln	in Röllchen schneiden.
2 Möhren	putzen, schälen und stifteln.
200 g Zuckerschoten	waschen, Enden abschneiden.
1 Glas Bambussprossen	abtropfen lassen. Alles Gemüse in den Garaufsatz-Einlegeboden schichten. Den Deckel auflegen.
	Garaufsatz auf den Topfdeckel setzen und **30 Minuten / Garstufe / Stufe 2** dämpfen.
Für die Soße:	
Brühe	im Mixtopf lassen.
Wasser	Mit auffüllen bis ca. ½ Liter Flüssigkeit im Topf ist.

Nährwerte je 100 g: **79,73** kcal • **333,54** KJ
6,27 g Eiweiß • **1,39 g** Fett • **10,14 g** KH • **1,33 g** Ballaststoffe • **0,84** BE

2 EL rote Currypaste
Chinagewürz
30 g Weizenmehl Type 405
100 g Schmand

Restliche Zutaten in den Mixtopf geben und **3 Minuten / 100°C / Stufe 4** kochen.
Nach Ende der Garzeit abschmecken.

INFO: *Rote Currypaste ist recht scharf und in Asia-Shops erhältlich.*

Chilisoße

1 Knoblauchzehe
3 Chilischoten

beides in den Mixtopf geben. **5 Sekunden / Stufe 5** zerkleinern.

200 g Tomaten

halbieren, Stielansatz herausschneiden und zugeben. **4 Sekunden / Stufe 5** zerkleinern.

50 g Weißweinessig
40 g Sojasoße
60 g Rohrzucker
100 g Wasser
60 g Tomatenmark
½ TL Meersalz

Restliche Zutaten zugeben und **20 Minuten / 100°C / Stufe 3** mit Meßbecher kochen. Dann **10 Sekunden / Stufe 8** pürieren.

Nährwerte je 100 g: **76,64** kcal • **321,30** KJ
1,95 g Eiweiß • **0,71 g** Fett • **14,89 g** KH • **1,40 g** Ballaststoffe • **1,24** BE

Frühlingsstrudel

Vorher: *Den Backofen auf 200°C Ober-/Unterhitze vorheizen.*

300 g Weizenmehl Type 405
1 Ei, 1 Prise Salz
40 g Öl, 90 g Wasser

Àlle Zutaten in den Mixtopf geben und **4 Minuten / Knetstufe** kneten. Zugedeckt eine ½ Stunden ruhen lassen.

Zwei 20 x 30 cm große Platten ausrollen und von Hand auf 30 x 40 cm auseinanderziehen.

Die abgekühlte Füllung so auf der Teigplatte verteilen, dass ein 3 cm breiter Rand frei bleibt.

Die Seiten einschlagen und zusammenrollen. Auf ein mit Backpapier ausgelegtes Backblech legen.

Füllung:

1 Knoblauchzehe

in den Mixtopf geben. **5 Sekunden / Stufe 5** zerkleinern.

400 g Rinderhackfleisch
Chinagewürz (Rezept auf Seite 60)
Pfeffer, 15 g Erdnussöl

Das Fleisch würzen und mit Öl zugeben. **7 Minuten / Garstufe / Linkslauf / Stufe 1** erhitzen. Umfüllen!

120 g Möhren
180 g Weisskraut
3 Frühlingszwiebeln

Gemüse in Stücken in den Mixtopf geben. **5 Sekunden / Stufe 4-5** zerkleinern.

Nährwerte je 100 g: **179,43** kcal • **750,66** KJ
10,93 g Eiweiß • **7,89 g** Fett • **16,01 g** KH • **1,94 g** Ballaststoffe • **1,33** BE

20 g Sojasoße
2 TL Sambal Oelek
1 gestr. TL Salz, Pfeffer
1 Glas Sojasprossen, abgetropft Gewürze, Hackfleisch und Bambussprossen zugeben und **30 Sekunden / Knetstufe** mischen.

1 Ei in einem Schüsselchen verquirlen und die Rolle einpinseln.

35 Minuten im vorgeheizten Backofen bei **200°C Ober- / Unterhitze** backen.

Mit der Pflaumensoße servieren!

Pflaumensoße

200 g Pflaumen entsteinen,
100 g Rhabarber, in Stücken
Saft 1 Orange
1 Knoblauchzehe
40 g Rohrzucker
30 g Weinessig
je 1 TL Meersalz und
Cayennepfeffer Alle Zutaten in den Mixtopf geben. **15 Sekunden / Stufe 10** mischen.

15 Minuten / 100°C / Stufe 2-3 kochen, **10 Sekunden / Stufe 8** pürieren.

Nährwerte je 100 g: **69,51** kcal • **290,95** KJ
0,74 g Eiweiß • **0,31 g** Fett • **14,89 g** KH • **1,50 g** Ballaststoffe • **1,24** BE

Frühlingsrollen

300 g Weizenmehl Type 405 *2 Eier* *2 TL Salz* *40 g Sonnenblumenöl* *30 g Wasser*	Alle Zutaten in den Mixtopf geben und **2 Minuten / Knetstufe** kneten. Zugedeckt eine ½ Stunde ruhen lassen. 12 dünne Platten ausrollen. Die Teigblätter stapeln, dabei jeweils dünn mit Mehl bestäuben, sodass sie nicht aneinander kleben. Mit feuchtem Tuch bedecken, damit sie nicht austrocknen.
Füllung:	
100 g Hähnchenbrustfilet	abspülen, trocken tupfen, in Streifen schneiden.
	Mit
Chinagewürz (Rezept Seite 60)	das Fleisch würzen und in Garkörbchen geben.
100 g Möhren	stifteln, mit dem restlichen Gemüse in den Garaufsatz geben.
100 g Bambussprossen (aus dem Glas)	abtropfen und in schmale Streifen schneiden.
2 Frühlingszwiebeln	in Streifen schneiden.
20 g Sojasoße *½ TL Erdnussöl* *1 EL Reiswein*	und zusammenrühren und über das Gemüse geben.
½ Liter Wasser *2 TL gekörnte Gemüsebrühe*	und in den Mixtopf geben, Garkörbchen einsetzen. Den Topf verschließen.

Nährwerte je 100 g: **204,66** kcal • **856,48** KJ
8,45 g Eiweiß • **8,49 g** Fett • **23,29 g** KH • **2,25 g** Ballaststoffe • **1,94** BE

Garaufsatz aufsetzen und **20 Minuten / Garstufe / Stufe 2** garen.

100 g Sojasprossen unter die Füllung mischen.

Füllung abkühlen lassen. Auf den Teigplatten verteilen. Die Seiten einschlagen und zusammenrollen. Den äußeren Teigrand mit Wasser bestreichen und andrücken.

Fett in der Pfanne erhitzen und knusprig ausbacken.

INFO: *Sojasprossen: Sie sind kalorienarm und reich an Eiweiß und Vitaminen. Ihr hoher Nährwert erreichen sie während des Keimprozesses. Die Fermente werden im Samen aktiv, sie bilden Vitamine und schließen alle im Samen ruhenden Wertstoffe auf.*

Sprossen selber ziehen: *Bohnenkerne abwaschen und in reichlich kaltem Wasser 12 Stunden einweichen. In ein Einmachglas geben, mit luftdurchlässiger Gaze und Gummiband verschließen.*

Wichtig: *Die Sprossen brauchen Luft und viel Platz. Das Glas nur zu einem Fünftel füllen. Gefäß an einen hellen, jedoch nicht sonnigen Platz stellen. Täglich 2x mit handwarmen Wasser abspülen. Wasser vollständig ablaufen lassen, sonst schimmeln die Bohnen leicht. Nach 5-6 Tagen sind die Sprossen fertig für den Gebrauch. Man kann die Sprossen in einem Beutel im Kühlschrank 3-4 Tage aufbewahren.*

Mungobohne sind gleichwertig wie Sojabohnen. Sie lässt sich sogar leichter keimen.

Chinakohlsäckchen mit Erdnusssoße

12 große Chinakohlblätter — putzen, abspülen, mit Strunk nach unten in den Garaufsatz legen.

½ Liter Wasser
½ TL Salz — in den Mixtopf geben und den Topf verschließen.

13 Minuten / Garstufe / Stufe 2 dünsten.

Kohlblätter auf Küchenpapier ausbreiten und dicke Strünke flachschneiden.

400 g Fischfilet (Heilbutt oder Scholle) — abspülen und trocken tupfen.

	In Würfel geschnitten in den Mixtopf geben.
1 Bund Schnittlauch	in 2 cm großen Stücken zugeben.
80 g Crème fraîche *1 Ei, 5 g Zitronensaft* *Salz, weißer Pfeffer*	Restliche Zutaten zugeben und **10 Sekunden / Stufe 8** pürieren.
	Die Füllung auf den Blättern verteilen, die Blattränder nach oben schlagen, mit kräftigen Schnittlauchhalmen oder Faden zubinden und in Garaufsatz legen.
¾ Liter Wasser *2 TL gekörnte Gemüsebrühe*	mit dem Gewürz in den Mixtopf geben.
150 g Basmatireis	in das Garkörbchen geben und in den Mixtopf einsetzen.
	30 Minuten / Garstufe / Stufe 2 kochen.
	Brühe für Soße umfüllen und zurückbehalten!
Für die Soße:	
80 g pikante Erdnüsse	in den Mixtopf geben.
1 EL Sesamöl *¼ TL Salz*	und zugeben und **10 Sekunden / Stufe 9** zerkleinern.
400 g Brühe (s. oben) *60 g Ketchup* *Salz, Cayennepfeffer*	und in den Mixtopf geben und **3 Minuten / 100°C / Stufe 2** erhitzen.

TIPP: *Restliche Brühe einfrieren und als Suppenbrühe weiterverwenden!*

Nährwerte je 100 g: **112,02** kcal • **468,42** KJ
7,49 g Eiweiß • **5,29 g** Fett • **8,47 g** KH • **0,87 g** Ballaststoffe • **0,71** BE

Saure Bohnen mit Hackbällchen

500 g saure Bohnen	im Garaufsatz abgießen.
1 cm Stück Ingwer	schälen, in den Mixtopf geben. **3 Sekunden / Stufe 7** zerkleinern. Umfüllen.
500 g gemischtes Hackfleisch	in den Mixtopf geben.
20 g Sojasoße *3 ½ TL Chinagewürz* *(Rezept auf Seite 60)*	zugeben und **20 Sekunden / Knetstufe** mischen. Auf Handballen 5 cm große Fladen drücken, etwas vom zerkleinerten Ingwer in die Mitte geben und die Fladen zu runden Bällchen formen.
2 EL Sesamöl, 3 Chilischoten *1 EL Szechuan-Pfeffer*	in einer beschichteten Pfanne erhitzen. Chilischoten und Pfeffer kurz anrösten und aus dem Öl entfernen. Die Hackfleischbällchen kurz auf allen Seiten anbraten und in den Garaufsatz zwischen die Bohnen setzen.
200 g Reis	in das Garkörbchen geben.
1 Liter Wasser *1 TL gekörnte Gemüsebrühe* *20 g Sojasoße*	in den Mixtopf geben. Das Garkörbchen einsetzen, den Topf schliessen, den Garaufsatz aufsetzen und **30 Minuten / Garstufe / Stufe 2** garen.
Soße:	Für die Soße die Garflüssigkeit im Mixtopf lassen.
10 g Stärkemehl	zugeben und **1 ½ Minute / Stufe 4** erhitzen. Dann **10 Sekunden / Stufe 8** pürieren.

Nährwerte je 100 g: **109,70** kcal • **459,63** KJ
7,67 g Eiweiß • **4,74 g** Fett • **8,99 g** KH • **0,79 g** Ballaststoffe • **0,75** BE

Asiareis

400 g Hähnchenbrustfilet	in Streifen schneiden.
40 g Sojasoße *5 g Akazienhonig* *5 g Sambal Oelek*	in den Mixtopf geben. Hähnchenbrustfiletstreifen zugeben und **1 Minute / Linkslauf / Stufe 1** vermengen. 1 Stunde im Kühlschrank stehen lassen. In den Garaufsatz geben.
2 Frühlingszwiebeln	in Ringe schneiden.
1 große Möhre	schälen, stifteln.
1 rote Paprika	in Streifen schneiden.
100 g Champignons	putzen, in Scheiben schneiden.
1 Glas Sojasprossen	abgetropft mit allem Gemüse in den Einlegeboden des Garaufsatzes geben.
200 g Langkornreis	in das Garkörbchen füllen.
900 g heißes Wasser *2 TL gekörnte Gemüsebrühe* *1 TL Sambal Oelek* *30 g Sojasoße* *20 g Weißweinessig*	in den Mixtopf geben. **25 Minuten / Garstufe / Stufe 2** kochen. Alles in eine große Schüssel geben, vermischen und abschmecken.
15 g Maisstärke	in die Kochbrühe geben. **2 Minuten / 100°C / Stufe 4** kochen.

Nährwerte je 100 g: **75,18** kcal • **314,58** KJ
7,10 g Eiweiß • **0,60 g** Fett • **10,00 g** KH • **1,26 g** Ballaststoffe • **0,83** BE

Spinatfisch in Kokossoße

200 g Reis	in das Garkörbchen geben.
1 Knoblauchzehe	in den Mixtopf geben, **3 Sekunden / Stufe 5** zerkleinern.
1 Tomate	halbieren, Stielansatz entfernen und zugeben.
10 g Walnussöl	zugeben. **4 Sekunden / Stufe 5** zerkleinern und **3 Minuten / Garstufe / Stufe 2** dünsten.
700 g heißes Wasser *2 geh. TL gekörnte Gemüsebrühe* *1 Dose Kokosmilch (400 g)*	in den Mixtopf geben.
	Garkörbchen einhängen und Garaufsatz aufsetzen.
300 g Kabeljaufilet (gefrorener Fisch heiß abwaschen) *Weißweinessig*	und mit säuern.
Salz & Pfeffer *Sojasoße*	Mit und gut würzen und in den Garaufsatz-Einlegeboden legen.
150 g Blattspinat, aufgetaut, ausgedrückt oder frischer Mangold	(Mangold vorher im Mixtopf auf laufendes Messer / **Stufe 6** zerkleinern) zugeben und mit
Chinagewürz, Chilipulver	würzen.
10 Cocktailtomaten	über dem Spinat verteilen. Deckel verschließen und **30 Minuten / Garstufe / Stufe 2** garen.
<u>Für die Soße:</u>	
Garflüssigkeit	im Mixtopf lassen.

Nährwerte je 100 g: **61,10** kcal • **256,06** KJ
3,76 g Eiweiß • **0,82 g** Fett • **9,42 g** KH • **0,52 g** Ballaststoffe • **0,79** BE

20 g Weizenmehl Type 405	zugeben. **3 Minuten / 100°C / Stufe 4** erhitzen.
Chilipulver & Salz	Mit abschmecken.

Sushi Reiswürfel

800 g heißes Wasser *2 TL gekörnte Gemüsebrühe*	in den Mixtopf geben.
200 g Sushireis	in das Garkörbchen geben und in den Mixtopf einhängen. **25 Minuten / Garstufe / Stufe 2** kochen. Abkühlen lassen.
40 g Krabben *70 g Gurke* *60 g Avocado* *30 g Weißweinessig* *10 g Rohrzucker* *1 TL Meersalz*	Restliche Zutaten in den Mixtopf geben und **5 Sekunden / Stufe 4** zerkleinern.
gegarten Reis	zugeben und **30 Sekunden / Knetstufe** mischen. Die Masse 2 cm dick auf ein Backblech streichen. ½ Stunde stehen lassen und in Würfel schneiden.
geräucherter Lachs und Krabben	zum Garnieren auf die Würfel legen.
2 EL Sojasoße *1 EL Wasabi* *1 TL Honig*	Restliche Zutaten zu einem Dip zusammenrühren.

Nährwerte je 100 g: **103,20** kcal • **431,95** KJ
4,27 g Eiweiß • **1,89 g** Fett • **16,91 g** KH • **0,64 g** Ballaststoffe • **1,41** BE

Chop Suey

2 cm Ingwer	schälen.
2 Knoblauchzehen	Mit in den Mixtopf geben. **8 Sekunden / Stufe 5** zerkleinern.
	Stückchen mit dem Spatel nach unten schieben.
30 g Sojasoße *20 g Reiswein* *10 g Rohrzucker*	und zugeben und **3 Minuten / 37°C / Stufe 1** rühren.
400 g Rinderfilet	in Streifen schneiden und in einer Schüssel mit der oben hergestellten Soße 1 Stunde im Kühlschrank marinieren. Ab und zu umrühren.
50 g Glasnudeln	in eine Schüssel geben und ½ Stunde einweichen.
4 getrocknete chinesische Pilze	½ Stunde in kaltem Wasser einweichen.
1 Möhre	schälen, in dünne Scheiben schneiden.
2 Frühlingszwiebeln	putzen, in 2 cm schräge Stücke schneiden.
100 g Champignons	putzen, in Scheiben schneiden.
50 g Staudensellerie	in dünne Streifen schneiden.
je 50 g Bambus- u. Sojasprossen	abgießen und abwaschen.
	Abgetropft in den Garaufsatz geben.
	Das marinierte Fleisch, Nudeln und alles Gemüse zugeben und vermischen.

Nährwerte je 100 g: **74,62** kcal • **312,70** KJ
7,46 g Eiweiß • **1,52 g** Fett • **7,44 g** KH • **1,11 g** Ballaststoffe • **0,51** BE

1 Zwiebel	schälen. In den Mixtopf geben und **3 Sekunden / Stufe 5** zerkleinern. Auch untermischen.
500 g heißes Wasser	in den Mixtopf geben.
20 g Sojasoße *40 g Reiswein* *2 TL gekörnte Gemüsebrühe*	und in den Mixtopf zugeben.
	Garaufsatz aufsetzen und **25 Minuten / Garstufe / Stufe 2** dämpfen.
1 TL brauner Zucker *20 g Kartoffelmehl*	Rest in die Brühe geben und **2 Minuten / 100°C / Stufe 4** kochen.
Salz, Pfeffer	Mit Soße abschmecken.

Dreifarbenhuhn

200 g Reis	in das Garkörbchen geben.
2 Frühlingszwiebeln	in Röllchen schneiden und zu dem Reis geben.
2 Möhren	putzen, schälen und stifteln. Zu dem Reis geben und alles vermischen.
½ cm Stück Ingwer	schälen, in den Mixtopf geben und **3 Sekunden / Stufe 6** zerkleinern.
1 Liter Wasser *3 TL gekörnte Gemüsebrühe*	und zugeben und das Garkörbchen einsetzen. Deckel schließen.
300 g Hähnchenbrustfilet	in kleine Stücke schneiden und in den Garaufsatz geben.
100 g Maiskölbchen	über das Fleisch geben.

Nährwerte je 100 g: **71,57** kcal • **299,45** KJ
5,58 g Eiweiß • **0,53 g** Fett • **10,73 g** KH • **1,57 g** Ballaststoffe • **0,89** BE

	Mit
30 g Sojasoße *Chinagewürzmischung*	und würzen.
2 Stangen Staudensellerie	die Fäden abziehen und in Scheiben schneiden.
1 rote Paprika	in Streifen schneiden.
½ Dose Bambussprossen	in Streifen schneiden.
Blumenschnittlauch	in ½ cm lange Stücke schneiden.
100 g Zuckerschoten	schräg halbieren, Fäden abziehen.
	Alles Gemüse in den Einlegeboden vom Garaufsatz schichten.
	Alles mit
3 EL Sojasoße, Pfeffer	würzen.
	Garaufsatz verschließen, auf den Topfdeckel setzen und **30 Minuten / Garstufe / Stufe 2** garen.
	Reis, Fleisch und Gemüse anrichten, warm halten.
	Restliche Brühe für die Soße im Mixtopf lassen!
<u>Für die Soße:</u>	
Evtl. mit Wasser	auffüllen bis ½ Liter Flüssigkeit im Topf ist.
20 g Reiswein *10 g Tapiocamehl* *20 g Sojasoße, Chinagewürz*	Restliche Zutaten in den Mixtopf geben und **3 Minuten / 100°C / Stufe 2** kochen. Abschmecken.

INFO: *Blumenschnittlauch habe ich in einem Asia-Geschäft gekauft. Die Blüten sind essbar und für das Auge ansprechend. Man kann ihn natürlich auch durch den üblichen Schnittlauch ersetzen.*

Nudelpfanne

150 g Rinderhüftsteak	in Streifen schneiden, in eine Schüssel geben.
1 Knoblauchzehe	mit
1,5 cm Ingwer, geschält	in den Mixtopf geben und **4 Sekunden / Stufe 7** zerkleinern.
20 g Sojasoße	
½ TL Woköl	
10 g Reiswein	
1 TL Zucker	und
Chinagewürz (Rezept Seite 60)	zugeben und **2 Minuten / 50°C / Stufe 2** in dem Mixtopf zusammenrühren. Über das Fleisch geben. ½ Std. zugedeckt stehen lassen.
50 g Möhren	stifteln und mit dem restlichen Gemüse:
50 g Sojasprossen	
1 Frühlingszwiebel, in Röllchen geschnitten	
50 g Paprika, in Streifen geschnitten	
50 g Zuckerschoten	in den Garaufsatz-Einlegeboden geben.
¾ Liter Wasser	
½ TL Salz & Pfeffer	
30 g Sojasoße	
20 g Reiswein	in den Mixtopf geben. Garaufsatz aufsetzen und **8 Minuten / Garstufe / Stufe 2** garen. Garaufsatz auf die Seite stellen.
200 g chinesische Eiernudeln	eventl. brechen und in den Garsud geben. **4 Minuten / Garstufe / Stufe 1** garen.
2 EL Woköl	in einer beschichteten Pfanne

Nährwerte je 100 g: **129,24** kcal • **541,53** KJ

9,54 g Eiweiß • **1,76 g** Fett • **18,16 g** KH • **2,38 g** Ballaststoffe • **1,51** BE

erhitzen und das Fleisch scharf anbraten. Gemüse und abgetropfte Nudeln zugeben und ebenfalls scharf anbraten.

Cayennepfeffer
Tabasco

Mit
und
kräftig abschmecken.

Putencurry

400 g Putenfleisch *Salz & Pfeffer* *2 EL Sojasoße*	in Streifen schneiden, mit und würzen und in den Garaufsatz legen.
400 g Blumenkohl oder Brokkoli	in Röschen geteilt, gewaschen zugeben.
1 Knoblauchzehe *1 Zwiebel*	und in den Mixtopf geben und **3 Sekunden / Stufe 5** zerkleinern.
10 g Sesamöl *2 TL Curry (Rezept Seite 116)*	mit zugeben und **1 ½ Minute / Garstufe / Stufe 2** andünsten.
200 g Tomaten *½ TL Salz*	mit zugeben und **6 Sekunden / Stufe 7** zerkleinern.
	Umfüllen.
1 Liter heißes Wasser *3 TL gekörnte Gemüsebrühe*	mit in den Mixtopf geben.
150 g Reis	in das Garkörbchen geben und in den Mixtopf einhängen. Garaufsatz aufsetzen und die Tomatenstückchen über dem Gemüse und Fleisch verteilen.
	30 Minuten / Garstufe / Stufe 2 garen. Reis und Putencurry warmstellen.
Brühe	im Mixtopf lassen.
200 g Vollmilchjoghurt *30 g Weizenmehl Type 405*	und zugeben und **3 Minuten / 100°C / Stufe 4** kochen.
Curry, Zitronenpfeffer	Mit abschmecken.

Nährwerte je 100 g: **66,28** kcal • **277,44** KJ
6,18 g Eiweiß • **1,24 g** Fett • **7,32 g** KH • **0,83 g** Ballaststoffe • **0,61** BE

Nudelpfanne mit knuspriger Ente

1 Entenbrustfilet (350 g)	mit
Salz und Pfeffer	würzen und im Backofen knusprig backen. Sud später zum Anbraten der Nudeln verwenden!
50 g Möhren	
50 g Paprika, rot	schälen, mit Paprika in Stücken in den Mixtopf geben. **3 Sekunden / Stufe 5** zerkleinern.
1 Liter heißes Wasser	
½ TL Salz, Pfeffer	zugeben.
120 g chinesische Nudeln	eventuell brechen und in das Wasser geben. **5 Minuten / 100°C / Stufe 1** garen. Abgießen und abtropfen lassen.
50 g Sojasprossen	
5 g Schnittlauch, ½ cm lang	
50 g Bambussprossen, in dünne Streifen geschnitten	
Chiliflocken, Chinagewürz	
30 g Sojasoße	
20 g Reiswein	Sprossen, Schnittlauch und Gewürze zusammen in einer Schüssel vorrichten.
Entenfett	in einer beschichteten Pfanne erhitzen.
gebratene Ente	in mundgerechte Streifen schneiden und mit Nudeln und den vorgerichteten Zutaten leicht knusprig anbraten.
	Mit
Meersalz, Chiliflocken	abschmecken.
	Mit Chilisoße (Seite 30) servieren!

Nährwerte je 100 g: **140,18** kcal • **587,79** KJ
9,55 g Eiweiß • **6,80 g** Fett • **10,01 g** KH • **1,54 g** Ballaststoffe • **0,83** BE

Dim Sum mit pikanter Füllung

250 g Weizenmehl Type 405 *½ Würfel Hefe, 1 TL Salz* *120 g warmes Wassser* *10 g Rohrzucker*	in den Mixtopf geben. **2 Minuten / Knetstufe** kneten. Zugedeckt eine ½ Stunde ruhen lassen.
½ TL Backpulver	zugeben und nochmals **40 Sekunden / Knetstufe** kneten. In 12 Stücke teilen und rund auswellen. 1 EL Füllung in die Mitte geben. Zu einem Päckle formen und mit einem Schnittlauchhalm zubinden. In den Garaufsatz geben.
½ Liter heißes Wasser	in Mixtopf geben. Dim Sum **30 Minuten / Garstufe / Stufe 2** dämpfen.
Füllung:	
300 g Hühnerbrustfilet	in feine Streifen schneiden.
1 cm Stück Ingwer *1 Knoblauchzehe*	und schälen und in den Mixtopf geben. **3 Sekunden / Stufe 7** zerkleinern.
1 gelbe Paprika *3 Frühlingszwiebeln*	in Stücken zugeben und **5 Sekunden / Stufe 5** zerkleinern.
20 g Sojasoße, 5 g Rohrzucker *20 g Reiswein* *Meersalz und Pfeffer*	Fleisch mit den restlichen Zutaten zugeben und ohne Messbecher **2 Minuten / Garstufe / Stufe 1** garen. Dann **8 Minuten / Garstufe / Linkslauf / Stufe 1** dünsten.

Nährwerte je 100 g: **80,23** kcal • **335,61** KJ
8,85 g Eiweiß • **0,48 g** Fett • **9,65 g** KH • **1,53 g** Ballaststoffe • **0,80** BE

Asiatisches Chiliöl

20 g getrocknete Chilischoten	und
5 Knoblauchzehen	in den Mixtopf geben. **10 Sekunden / Stufe 5** zerkleinern.
200 g Schalotten	schälen, zugeben und **5 Sekunden / Stufe 4** zerkleinern.
0,75 Liter geschmack-neutrales Öl	zugeben und **25 Minuten / 100°C / Stufe 2** erhitzen.
	Absieben und nochmals **3 Minuten / 100°C / Stufe 1** erhitzen. In sterilisierte Flaschen abfüllen.

TIPP: *Zur Dekoration sieht 1 Chilischote und 1 Knoblauchzehe in der Flasche gut aus!*

Nährwerte je 100 g: **687,88** kcal • **2880,31** KJ
0,65 g Eiweiß • **76,78 g** Fett • **1,64 g** KH • **0,87 g** Ballaststoffe • **0,14** BE

Chinesische Gewürzmischung

6 Chilischoten *1 EL Zitronenpfeffer* *1 EL Senfkörner*	in den Mixtopf geben. **50 Sekunden / Stufe 10** zerkleinern.
1 EL Meersalz *1 EL Korianderpulver* *1 EL Knoblauchpulver* *1 EL Ingwerpulver* *1 TL Kreuzkümmelpulver* *je 2 Prisen Muskat und Nelken*	Restliche Gewürze zugeben und **10 Sekunden / Stufe 2** mischen. Umfüllen.

Nährwerte je 100 g: **301,80** kcal • **1263,12** KJ
12,32 g Eiweiß • **11,27 g** Fett • **37,24 g** KH • **11,91 g** Ballaststoffe • **3,10** BE

Fruchtsalat mit Marinade

1 säuerlicher Apfel *3 Pflaumen, geviertelt* *½ Honigmelone, 1 Karambole* *100 g Erdbeeren, 1 Mango* *ein Paar Physalis*	Obst in mundgerechte Stücke schneiden. In eine Schüssel geben.
Saft 1 Zitrone *50 g Akazienhonig* *50 g Pflaumenwein* *30 g Orangenlikör*	Restliche Zutaten in den Mixtopf geben und **4 Minuten / 90°C / Stufe 2** erhitzen. Über das Obst geben und vermischen.

Nährwerte je 100 g: **66,35** kcal • **278,28** KJ
0,64 g Eiweiß • **0,23 g** Fett • **13,32 g** KH • **1,28 g** Ballaststoffe • **1,11** BE

Pikanter Obstsalat

1 TL Sambal Oelek, 2 TL Zucker *5 Spritzer Tabasco* *40 g Sojasoße*	und in den Mixtopf geben.
1 Apfel	entkernen und zugeben. **4 Sekunden / Stufe 3-4** zerkleinern.
150 g Ananas, in Stücken	zugeben.
1 Birne *½ Gurke*	und schälen, in Scheiben geschnitten zugeben.
1 Orange	schälen, in Würfel schneiden, zugeben. **10 Sekunden / Stufe 1** mischen. Mindestens 1 Stunde im Kühlschrank ziehen lassen.

Nährwerte je 100 g: **55,76** kcal • **233,51** KJ
1,17 g Eiweiß • **0,54 g** Fett • **11,15 g** KH • **2,04 g** Ballaststoffe • **0,93** BE

Obstsalat mit Mangocreme

Verschiedenes Obst nach Belieben:

Bananen, Litschis, Kirschen, Kiwi, Ananas (600 g)	mundgerecht zerkleinern und in einer Schüssel mischen.
1 Dose Mango (420 g), mit Saft	in den Mixtopf geben. **5 Sekunden / Stufe 6** zerkleinern.
200 g Kokosmilch *40 g Zucker, Saft 1 Zitrone* *1 Päckchen Vanillezucker*	zugeben. **6 Sekunden / Stufe 4** mischen. Obstsalat in Dessertschalen verteilen und Mangocreme darübergeben. Mit einem Minzeblatt garniert servieren.

Nährwerte je 100 g: 73,70 kcal • 309,03 KJ
0,32 g Eiweiß • 0,34 g Fett • 16,90 g KH • 1,22 g Ballaststoffe • 1,41 BE

Kokoseis

50 g Zucker	in den Mixtopf geben. **20 Sekunden / Stufe 10** zerkleinern.
400 g Kokosmilch	im Eiswürfelbehälter einfrieren, vor Verwendung leicht antauen.
Mark 1 Vanilleschote *Schale ½ unbeh. Zitrone* *50 g Schlagsahne*	Restliche Zutaten zugeben und im **Intervall mind. 6-mal (10-2-10-2)** mischen.

Nährwerte je 100 g: 66,89 kcal • 281,53 KJ
0,24 g Eiweiß • 0,36 g Fett • 15,54 g KH • 53,75 g Ballaststoffe • 1,30 BE

Ananasreis mit Pistazien

15 g Pistazien	in den Mixtopf geben und **4 Minuten / Garstufe / Stufe 1** rösten. Umfüllen.
270 g Ananasfruchtfleisch	in den Mixtopf geben.
40 g Rohrzucker *1 Päckchen Vanillezucker*	zugeben und **10 Sekunden / Stufe 10** zerkleinern.
120 g heißes Wasser *Saft und Schale 1 Zitrone* *1 Prise Salz*	zugeben und **5 Minuten / 100°C / Stufe 2** erhitzen. Rühraufsatz einsetzen!
100 g Milchreis	zugeben und **38 Minuten / 90°C / Stufe 1** ohne Messbecher kochen.
270 g Ananasfruchtfleisch	würfeln, zugeben. **10 Sekunden / Stufe 1** untermischen.
200 g Schlagsahne	auf **Stufe 10** schlagen und unterheben.

Nährwerte je 100 g: **147,37** kcal • **616,54** KJ
1,62 g Eiweiß • **6,56 g** Fett • **19,95 g** KH • **0,93 g** Ballaststoffe • **1,66** BE

Frucht-Baiser

Vorher: *Den Ofen auf 220°C vorheizen.*

3 Bananen	in Scheiben schneiden und in feuerfeste Form geben.
3 säuerliche Äpfel	schälen, entkernen, in Scheiben schneiden und zugeben.
1 kl. Dose Ananas, (140 g) in Stücken	abgetropft zugeben.
Saft 1 Zitrone	darübergeben.
	Rühraufsatz auf das Mixmesser setzen!
2 Eiweiß + 20 g Zucker	in den Mixtopf geben und **2 Minuten / 50°C / Stufe 3** zu Schnee schlagen. Umfüllen.
	Rühraufsatz wieder einsetzen!
2 Eigelb, 30 g Zucker *30 g Vollmilch, 30 g Wasser* *2 TL Tapiocamehl* *20 g Pflaumenwein*	Restliche Zutaten in den Mixtopf geben und **3 Minuten / 80°C / Stufe 3** erhitzen. Über die Früchte geben.
Eischnee (s. oben)	über die Früchte geben und im vorgeheizten Backofen bei **220°C Ober- / Unterhitze 10 Minuten** überbacken.
	Kalt oder warm servieren!

Nährwerte je 100 g: **98,52** kcal • **412,69** KJ
2,09 g Eiweiß • **1,62 g** Fett • **18,09 g** KH • **1,39 g** Ballaststoffe • **1,51** BE

Kekse

Vorher: *Den Backofen auf 175 °C Ober-/Unterhitze vorheizen.*

50 g Mandeln	in den Mixtopf geben und **8 Sekunden / Stufe 10** zerkleinern.
100 g Butter	in Stücken zugeben.
2 mittelgroße Eier *120 g Zucker* *300 g Weizenmehl Type 405* *1 Prise Salz* *3 Tropfen Bittermandelaroma* *1 Päckchen Vanillezucker*	Restliche Zutaten zugeben. **10 Sekunden / Stufe 6** vermischen. 1 Stunde kaltstellen. Eine Rolle formen und Teigkreise abschneiden. Auf ein mit Backpapier ausgelegtes Blech setzen. Im vorgeheizten Ofen bei **175 °C Ober- / Unterhitze 10–15 Minuten** backen.

Nährwerte je 100 g: **395,50** kcal • **1655,77** KJ
8,05 g Eiweiß • **18,43 g** Fett • **49,22 g** KH • **2,82 g** Ballaststoffe • **4,10** BE

Süße Bällchen

90 g Zucker	in den Mixtopf geben. **20 Sekunden / Stufe 10** pulverisieren. 2 EL von dem Puderzucker beiseitestellen.
20 g Butter + 2 Eier	zugeben und **1 ½ Minute / 37°C / Stufe 4** schaumig rühren.
20 g Wasser *280 g Mehl, ½ Pck. Backpulver*	zugeben und **10 Sekunden / Stufe 4** untermischen.
	Mit angefeuchteten Händen 2 cm große Bällchen formen.
Frittierfett	Die Bällchen im bei 180°C goldbraun frittieren.
	Die noch warmen Bällchen im Puderzucker (s. oben) wälzen.

Nährwerte je 100 g: **310,20** kcal • **1298,51** KJ
8,24 g Eiweiß • **6,34 g** Fett • **54,35 g** KH • **2,08 g** Ballaststoffe • **4,53** BE

Litschisekt

6 Litschis aus der Dose	in den Mixtopf geben.
1 Palette Orangensaft gefr.	zugeben und **5 Sekunden / Stufe 8** zerkleinern.
Je 200 g Litschi- und Orangensaft	zugeben.
1 Flasche Sekt	auf laufendes Messer / **Stufe 5** geben.
	Sofort servieren!

Nährwerte je 100 g: **69,55** kcal • **290,96** KJ
0,49 g Eiweiß • **0,09 g** Fett • **7,75 g** KH • **0,10 g** Ballaststoffe • **0,64** BE

Willkommensgetränk

200 g Ananas, in Stücken gefroren	in den Mixtopf geben.
100 g Pflaumenwein *100 g Orangensaft* *100 g Kirschsaft*	Die Säfte zugeben und **5 Sekunden / Stufe 7** mischen.
1 Flasche Sekt	auf laufendes Messer / **Stufe 5** geben.
	Mit einem Ananasstück am Glas garniert servieren! (Foto rechts)

Nährwerte je 100 g: **71,24** kcal • **297,76** KJ
0,31 g Eiweiß • **0,06 g** Fett • **6,47 g** KH • **0,25 g** Ballaststoffe • **0,54** BE

Prickelnder Traum

2 Mango, in Stücken gefroren	in den Mixtopf geben.
100 g Pflaumenwein	zugeben und **5 Sekunden / Stufe 8** zerkleinern.
1 Flasche Sekt	auf laufendes Messer / **Stufe 5** geben.
	Sofort servieren!

Nährwerte je 100 g: **73,59** kcal • **307,64** KJ
245,55 g Eiweiß • **0,10 g** Fett • **5,74 g** KH • **0,39 g** Ballaststoffe • **0,48** BE

Delhi
New Delhi
Jaipur
Agra
Lucknow
Kanpur
Gwalior
Ajmer
Kota
Allahabad
Udaipur
INDIA
Gaya
Ujjain
Bhopal
Jabalpur
Indore
Ranchi
Rajkot
Ahmadabad
Jamshedpur
Vadodara
Raipur
Surat
Nagpur
Amravati
Jalna
Chandrapur
Aurangabad
Kalyan
Mumbai
Pune
Sholapur
Warangal
Hyderabad

Indien

Bohnensalat

1 Knoblauchzehe	mit
½ Bund Petersilie, ohne Stiel	in den Mixtopf geben und **4 Sekunden / Stufe 5** zerkleinern.
3 eingelegte Peperoni	
1 rote Paprika	und
100 g Zucchini	in Stücken zugeben und **6 Sekunden / Stufe 3-4** zerkleinern.
1 Dose weiße Bohnen (abgetropft 250 g)	
2 Frühlingszwiebeln	in Ringe geschnitten,
Saft ½ Zitrone	
20 g Olivenöl	
1 TL Dill	
1 gestr. TL Salz, Pfeffer	Restliche Zutaten zugeben und **20 Sekunden / Linkslauf / Stufe 1** vermischen. Mit Gewürzen abschmecken.

Schmeckt gut mit Chapatis!

Nährwerte je 100 g: **73,41** kcal • **307,39** KJ
2,74 g Eiweiß • **3,56 g** Fett • **7,34 g** KH • **3,00 g** Ballaststoffe • **0,6** BE

Indischer Krautsalat

400 g Weißkraut	in Stücken in den Mixtopf geben und **8 Sekunden / Stufe 4-5** zerkleinern, umfüllen.
½ Liter kochendes Wasser	Kraut übergießen und 30 Minuten stehen lassen. Kraut in ein Küchentuch geben und ausdrücken. In eine Schüssel geben.
1 Dose Ananasstücke (Abtropfgewicht 340 g)	abgetropfen, den Saft auffangen.
	Die Ananasstücke zu dem Weißkraut geben. Mit der Marinade übergießen, gut vermischen und abschmecken.

Marinade:

2 Schalotten	halbieren, schälen und mit
1 kleinen Apfel	in den Mixtopf geben, **5 Sekunden / Stufe 5** zerkleinern.
10 g Zitronensaft *50 g Schmand* *5 g Currypulver* *1 TL brauner Zucker* *20 g Weißweinessig* *1 TL Salz, Pfeffer* *20 g Ananassaft (s. oben)*	Restliche Zutaten zugeben und **8 Sekunden / Stufe 6** vermischen.

TIPP: *Der Salat schmeckt am Besten, wenn er ein paar Stunden durchziehen kann!*

Nährwerte je 100 g: **63,29** kcal • **264,78** KJ
0,94 g Eiweiß • **1,67 g** Fett • **10,59 g** KH • **1,90 g** Ballaststoffe • **0,88** BE

Reissalat

1 Zwiebel	schälen, halbieren und in den Mixtopf geben.
	5 Sekunden / Stufe 5 zerkleinern.
15 g Sonnenblumenöl	zugeben und **3 Minuten / Garstufe / Stufe 2** andünsten.
150 g Reis	in das Garkörbchen geben. Die gedünsteten Zwiebeln zugeben und mit dem Spatel verrühren.
200 g Hähnchenbrustfilet	mit
Pfeffer, Asia-Gewürzsalz	würzen und auf den Reis im Garkörbchen legen.
750 g heißes Wasser	mit
2 TL gekörnte Gemüsebrühe	in Mixtopf geben, Garkörbchen einsetzen und **25 Minuten / Garstufe / Stufe 1** kochen.
	In eine Salatschüssel geben und auskühlen lassen.
Soße:	
5 g frischer Ingwer	in den Mixtopf geben und **3 Sekunden / Stufe 8** zerkleinern.
1 Apfel	entkernen und in den Mixtopf geben.
2 Frühlingszwiebeln	zugeben und **5 Sekunden / Stufe 4** zerkleinern.
80 g Crème fraîche *100 g Vollmilchjoghurt* *1 TL Curry* *Saft 1 Zitrone*	Alle Zutaten zugeben und **10 Sekunden / Stufe 3** mischen.
	Hähnchenbrustfilet in Streifen schneiden und zum Reis geben.
	Soße untermischen.

Nährwerte je 100 g: **96,16** kcal • **402,11** KJ
4,70 g Eiweiß • **3,11 g** Fett • **11,92 g** KH • **0,69 g** Ballaststoffe • **0,99** BE

200 g Ananas, in Stücken	zugeben und verrühren.
Salz, Cayennepfeffer	Mit kräftig abschmecken.

Kichererbsensalat

½ Bund Petersilie	in den Mixtopf geben, **3 Sekunden / Stufe 5** zerkleinern.
1 rote Zwiebel, halbiert *je ½ rote, gelbe, grüne Paprika* *120 g Salatgurke, geschält* *Saft von 2 Zitronen* *Salz, Pfeffer* *10 g Akazienhonig* *2 Prisen Kardamom* *2 Prisen Kreuzkümmelpulver* *30 g Olivenöl*	Zwiebel, Paprikastücke, Gurkenstücke, Soßenzutaten zugeben. **5 Sekunden / Stufe 4-5** zerkleinern. In eine Salatschüssel füllen.
1 Dose (400 g) Kichererbsen	Saft abgießen, abwaschen und zum Salat geben. Umrühren und kräftig abschmecken.

Nährwerte je 100 g: **107,25** kcal • **448,65** KJ
3,74 g Eiweiß • **4,65 g** Fett • **12,04 g** KH • **3,30 g** Ballaststoffe • **1,00** BE

Hähnchennuggets

400 g Hähnchenbrustfilet *Meersalz, Pfeffer, Paprika*	mit würzen, in 2 cm Streifen schneiden.
30 g Parmesan	in Stücken in den Mixtopf geben. **10 Sekunden / Stufe 10** zerkleinern.
40 g Paniermehl	zugeben und **8 Sekunden / Stufe 3** mischen. In einen tiefen Teller füllen.
1 Ei	in einem Teller verquirlen und die Hähnchenstreifen im Ei und dann im Paniermehl wenden.
Sonnenblumenöl	In ausbacken.
	Mit süß-scharfer Soße oder Limettendip (Seite 88) servieren!

Nährwerte je 100 g: **153,69** kcal • **643,76** KJ
23,25 g Eiweiß • **4,06 g** Fett • **5,76 g** KH • **0,46 g** Ballaststoffe • **0,48** BE

Süß-scharfe Soße

2 Chilischoten	in Stücken in den Mixtopf geben und **5 Sekunden / Stufe 10** zerkleinern.
200 g Ananas *1 Tomate, halbiert*	zugeben. **5 Sekunden / Stufe 10** zerkleinern.
30 g Weißweinessig *10 g Sojasoße* *10 g Tomatenmark*	Restliche Zutaten zugeben und **10 Minuten / 100°C / Stufe 3** kochen.

Nährwerte je 100 g: **46,18** kcal • **193,54** KJ
1,17 g Eiweiß • **0,47 g** Fett • **8,50 g** KH • **1,55 g** Ballaststoffe • **0,71** BE

Indien

Chilishrimps

1 Knoblauchzehe *1 EL frische Kräuter*	in den Mixtopf geben. **8 Sekunden / Stufe 5** zerkleinern.
40 g Olivenöl *10 g Sojasoße* *5 g Zitronensaft* *Chiligewürz* *Salz & Pfeffer*	für die Marinade alle Zutaten zugeben und **20 Sekunden / Stufe 5** mischen.
500 g Shrimps, frisch oder aufgetaut	zugeben und **1 Minute / Linkslauf / Stufe 1** vermischen. Mindestens 1 Stunde einlegen. Danach je nach Geschmack **6-8 Minuten / Linkslauf / Garstufe / Stufe 1** erhitzen.

Nährwerte je 100 g: **150,04** kcal • **628,76** KJ
17,07 g Eiweiß • **8,56 g** Fett • **1,25 g** KH • **0,17 g** Ballaststoffe • **0,10** BE

Limettendip

150 g Crème fraîche *1 TL Honig* *1 TL Zucker* *Saft 1 Limette* *Salz & Pfeffer*	Alle Zutaten in den Mixtopf geben und **20 Sekunden / Stufe 3** mischen. Zu den Chilishrimps servieren!

Nährwerte je 100 g: **259,16** kcal • **1083,92** KJ
2,04 g Eiweiß • **23,17g** Fett • **10,29 g** KH • **0,08 g** Ballaststoffe • **0,86** BE

Panir (Hüttenkäse)

1 ½ Liter Vollmilch in den Mixtopf geben. **5 Minuten / 100°C / Stufe 2** erhitzen.

80 g warmes Wasser in einem Messbecher mit
50 g weißer Essig mischen und langsam in die Milch gießen.

Siebeinsatz mit einem Käseleinen oder Baumwolltuch auslegen und die geronnene Milch durchgießen. Die Ecken des Tuches aufnehmen und so viel Flüssigkeit, wie möglich herausdrücken. Zum Abtropfen aufhängen.

Ergibt ca. 200 g Hüttenkäse für würzige oder süße Speisen.

Nährwerte je 100 g: **102,00** kcal • **428,00** KJ
12,60 g Eiweiß • **4,30 g** Fett • **2,60 g** KH • **0,00 g** Ballaststoffe • **0,22** BE

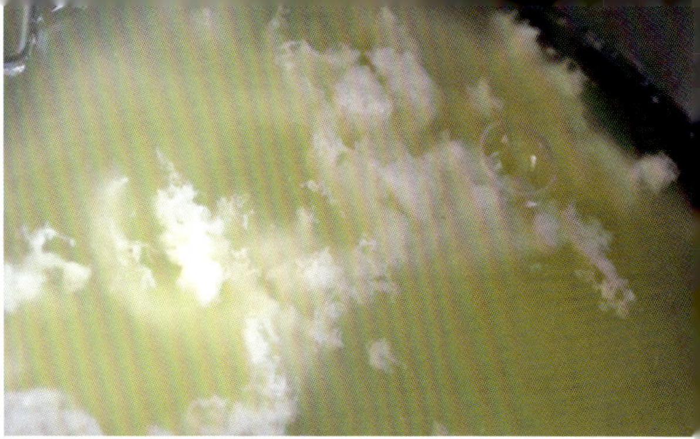

Panir mit Paprika und Tomaten

½ Bund Petersilie	in den Mixtopf geben, **3 Sekunden / Stufe 5** zerkleinern. Umfüllen. Topf braucht nicht gesäubert werden.
1 Knoblauchzehe *1 Zwiebel*	in den Mixtopf geben, **5 Sekunden / Stufe 5** zerkleinern.
1 grüne Paprika	zugeben und **3 Sekunden / Stufe 4-5** zerkleinern.
20 g Öl	zugeben und **3 Minuten / Garstufe / Stufe 1** dünsten. Masse in eine beschichtete Pfanne geben.
2 Tomaten	Stielansatz entfernen, würfeln und zugeben.
350 g Panir *½ TL Kurkuma* *½ TL Salz* *1 TL Chiliflocken* *2 Prisen Koriander*	Gewürze zugeben und anbraten bis Flüssigkeit verdunstet ist. Mit Petersilie bestreut servieren!

Nährwerte je 100 g: **85,82** kcal • **360,43** KJ
6,77 g Eiweiß • **5,09 g** Fett • **2,93 g** KH • **0,96 g** Ballaststoffe • **0,25** BE

Teufelseier

6 Eier, hart gekocht

Eier schälen, der Länge nach halbieren und Eigelb mit Gewürzen in den Mixtopf geben.

10 g Mayonnaise
5 g scharfer Senf
20 g Ketchup, scharf
1 TL Zitronensaft
Salz, Pfeffer, Rosenpaprika
10 Tropfen Tabasco
Cayennepfeffer

5 Sekunden / Stufe 4 mischen.
Die Masse mit einem Spritzbeutel in die Eihälften spritzen.

6 milde Peperoni
2 EL Schnittlauch, geschnitten

Mit Peperoni garnieren und mit bestreuen.

Nährwerte je 100 g: **155,65** kcal • **652,78** KJ
11,06 g Eiweiß • **11,28 g** Fett • **2,65 g** KH • **0,22 g** Ballaststoffe • **0,19** BE

Gurkenraita

2 Zweige Koriandergrün
(ersatzweise Petersilie)

Blätter in den Mixtopf geben und **4 Sekunden / Stufe 6** zerkleinern.

150 g Salatgurke

schälen, ohne Kerne zugeben und **5 Sekunden / Stufe 5** zerkleinern. Saft ausdrücken.

250 g Vollmilchjoghurt
3 Prisen Kreuzkümmel
Salz, Pfeffer, Paprika

mit Gewürzen zugeben und **6 Sekunden / Stufe 5** mischen.

Schmeckt gut zu Gegrilltem!

Nährwerte je 100 g: **46,88** kcal • **195,72** KJ
2,34 g Eiweiß • **2,46 g** Fett • **3,39 g** KH • **0,30 g** Ballaststoffe • **0,28** BE

Feurige Bananensuppe

½ Zwiebel *1 kleine Chilischote*	mit in den Mixtopf geben und **4 Sekunden / Stufe 6** zerkleinern.
20 g Sonnenblumenöl	zugeben und **3 Minuten / Garstufe / Stufe 1** dünsten.
200 g Tomaten	halbieren, Stielansatz entfernen.
1 Banane, in Stücken	Mit zugeben und **5 Sekunden / Stufe 7** zerkleinern.
200 g Orangensaft *50 g Tomatenketchup, scharf* *800 g heißes Wasser* *3 TL gekörnte Gemüsebrühe* *1 TL Curry* *20 g Tomatenmark*	Restliche Zutaten zugeben und ohne den Messbecher **20 Minuten / 100°C / Stufe 2** kochen. Dann **10 Sekunden / Stufe 8** mit Messbecher pürieren.
	Scharf abschmecken.
1 Banane	in Scheiben schneiden, in einer beschichteten Pfanne mit etwas Öl anbraten.
	Suppe in Teller verteilen und mit gebratenen Bananenscheiben garnieren.

INFO: *Chilis – scharfes Essen regt Körper und Seele an!*

Nährwerte je 100 g: **40,09** kcal • **167,97** KJ

0,77 g Eiweiß • **1,47 g** Fett • **5,66 g** KH • **0,58 g** Ballaststoffe • **0,47** BE

Linsensuppe mit Huhn

2 Knoblauchzehen *1 Frühlingszwiebel* *3 cm Ingwer, geschält*	mit in Stücke geschnitten in den Mixtopf geben. **4 Sekunden / Stufe 8** und zerkleinern.
20 g Öl	zugeben und **2 Minuten / Garstufe / Stufe 1** dünsten.
200 g Hähnchenbrustfilet	in Streifen schneiden und zugeben.
1 rote Paprika	geputzt und in Streifen geschnitten zugeben.
300 g Kartoffeln, geschält	in Scheiben geschnitten zugeben.
800 g heißes Wasser	mit Gewürzen:
3 TL gekörnte Gemüsebrühe *1 TL schwarzer Pfeffer* *½ TL Kreuzkümmelpulver* *1 Prise Nelken* *1 TL Kurkuma* *1 TL Rosenpaprika*	zugeben und **15 Minuten / 100°C / Stufe 1** garen.
200 g rote Linsen	zugeben und nochmals **12 Minuten / 100°C / Stufe 1** garen.
	Vor dem Servieren abschmecken!

Nährwerte je 100 g: **56,97** kcal • **238,83** KJ

4,73 g Eiweiß • **1,48 g** Fett • **5,99 g** KH • **1,32 g** Ballaststoffe • **0,50** BE

Kalte grüne Suppe

2 reife Avocados	das Fruchtfleisch in den Mixtopf geben.
Saft von 2 Limetten	zugeben.
1 kleine Zwiebel	halbieren, zugeben.
½ Bund Koriander	und
5 Eiswürfel	zugeben.
1 Salatgurke	schälen, in Stücken zugeben. **30 Sekunden / Stufe 10** pürieren.
½ Liter kaltes Wasser	
3 TL gekörnte Gemüsebrühe	
Salz, Pfeffer	zugeben und **8 Sekunden / Stufe 4** mischen.
	Kräftig abschmecken und kaltstellen!
3 Scheiben Toastbrot	würfeln.
Knoblauchbutter	in einer Pfanne erhitzen und Toastwürfel kross anrösten.
	Mit
Pfeffer und Rosenpaprika	würzen und abkühlen lassen.
	Suppe mit Toastwürfeln bestreuen und servieren!

Nährwerte je 100 g: **96,96** kcal • **406,16** KJ
1,37 g Eiweiß • **8,71 g** Fett • **3,36 g** KH • **1,47 g** Ballaststoffe • **0,28** BE

Limettensuppe

1 Knoblauchzehe *½ cm Stück Ingwer* *1 rote Chili*	in den Mixtopf geben. **5 Sekunden / Stufe 8** zerkleinern.
10 g Sesamöl	zugeben. **3 Minuten / Garstufe / Stufe 1** dünsten.
200 g Paprika rot, gelb, grün	in Stücken zugeben und **3 Sekunden / Stufe 4-5** zerkleinern.
400 g Kokosmilch *20 g Reiswein* *40 g milde Currypaste (Rezept Seite 116)* *200 g Schlagsahne* *200 g heißes Wasser* *1 TL Salz* *20 g Weizenmehl Type 405* *Saft 1 Limette*	Restliche Zutaten zugeben und **15 Minuten / 100°C / Stufe 2** kochen. Dann **20 Sekunden / Stufe 10** pürieren. Wer keine Stückchen in der Suppe haben möchte, die Suppe durchsieben.

Nährwerte je 100 g: **77,99** kcal • **327,22** KJ
0,92 g Eiweiß • **6,57 g** Fett • **3,73 g** KH • **0,85 g** Ballaststoffe • **0,31** BE

Indien

Fisch in Tomatensoße

150 g Reis	in das Garkörbchen geben.
2 Knoblauchzehen *1 cm Ingwer, geschält*	in den Mixtopf geben. **8 Sekunden / Stufe 5** zerkleinern.
3 Tomaten	halbieren, Stielansatz entfernen und zugeben. **5 Sekunden / Stufe 7** zerkleinern.
10 g Öl	zugeben und **3 Minuten / Garstufe / Stufe 2** dünsten.
800 g heißes Wasser *3 geh. TL gekörnte Gemüsebrühe* *10 g Apfelessig + 30 g Sherry*	in den Mixtopf zugeben. Das Garkörbchen einhängen, den Topf verschließen.
300 g Kabeljaufilet (gefrorener Fisch heiß abwaschen) *Weißweinessig*	mit säuern und würfeln.
Salz & Pfeffer, Sojasoße	Mit würzen und in den Garaufsatz legen. **15 Minuten / Garstufe / Stufe 2** kochen.
200 g Paprika, rot und gelb *50 g Zuckerschoten, halbiert* *Indische Gewürze, Chilipulver*	in Streifen geschnitten, in den Garaufsatz (Einlegeboden) zugeben und würzen. Weitere **10 Minuten / Garstufe / Stufe 2** garen.
Brühe	im Topf belassen.
20 g Mehl *20 g Tomatenmark*	zugeben und **3 Minuten / 100°C / Stufe 4** einkochen. Mit
Chilipulver & Salz	abschmecken.

Nährwerte je 100 g: **70,77** kcal • **296,10** KJ
5,32 g Eiweiß • **1,04 g** Fett • **9,70 g** KH • **1,02 g** Ballaststoffe • **0,81** BE

Gemüsecurrytopf

250 g Möhren	schälen und in Scheiben schneiden.
200 g Zucchini	abwaschen, halbieren und in Scheiben schneiden.
400 g Kartoffeln	schälen, in Scheiben schneiden und mit
150 g Cocktailtomaten	im Garaufsatz verteilen.
1 EL Curry *1 EL gekörnte Gemüsebrühe* *Cayennepfeffer*	Das Gemüse und die Kartoffeln würzen.
1 Knoblauchzehe *1 rote Zwiebel*	und **4 Sekunden / Stufe 5** in dem Mixtopf zerkleinern.
30 g eingelegte getr. Tomaten	zugeben und nochmals **4 Sekunden / Stufe 5** zerkleinern.
5 g Olivenöl	zugeben und **3 Minuten / Garstufe / Stufe 1** dünsten. Die Paste mit den Kartoffeln und dem Gemüse vermischen. Mixtopf muss nicht gereinigt werden.
200 g Kokosmilch *100 g Orangensaft* *150 g heißes Wasser* *½ TL Salz* *Cayennepfeffer*	in den Mixtopf geben, Garaufsatz aufsetzen und **25 Minuten / Garstufe / Stufe 2** dämpfen.
Soße:	
20 g Mehl	in den Sud geben und **2 Minuten / 100°C / Stufe 4** kochen. Sofort anrichten!

Nährwerte je 100 g: **43,15** kcal • **180,69** KJ
1,44 g Eiweiß • **0,74 g** Fett • **7,26 g** KH • **1,60 g** Ballaststoffe • **0,58** BE

Krabben auf indische Art

Marinade:

1 Knoblauchzehe	mit
1 cm Ingwer, geschält	in den Mixtopf geben und **5 Sekunden / Stufe 7** zerkleinern. Vom Rand nach unten schieben.
Je ½ TL Chilipulver, Salz	mit
40 g Zitronensaft	zugeben und **4 Sekunden / Stufe 4** mischen.
	Mit
Alufolie	den Garaufsatz mit ca. 5 cm Rand auslegen.
250 g Krabben, gefroren	heiß abwaschen, in den Garaufsatz geben und mit der Marinade übergießen.
½ gelbe Paprika	geputzt und in Stücken mit
2 Zwiebeln, halbiert	in den Mixtopf geben. **4 Sekunden / Stufe 5** zerkleinern.
20 g Öl	zugeben und **4 Minuten / Garstufe / Stufe 1** erhitzen.
1 Dose Tomaten (400 g)	mit
1 geh. TL Salz, Cayennepfeffer	und
600 g heißes Wasser	zugeben.
150 g Reis	in das Garkörbchen geben. In den Mixtopf setzen.
	Den Topf verschließen. Den Garaufsatz aufsetzen und **30 Minuten / Garstufe / Stufe 2** garen.

Soße:

20 g Weizenmehl Type 405	mit
10 g Zitronensaft	zum Garsud geben und **2 Minuten / 100°C / Stufe 4** erhitzen. Abschmecken und sofort servieren!

Nährwerte je 100 g: **71,91** kcal • **300,96** KJ
4,08 g Eiweiß • **1,70 g** Fett • **9,74 g** KH • **0,64 g** Ballaststoffe • **0,81** BE

Fisch mit Gemüse

2 Knoblauchzehen *1 rote Zwiebel*	in den Mixtopf geben. **5 Sekunden / Stufe 5** zerkleinern.
20 g Öl	zugeben und **3 Minuten / Garstufe / Stufe 1** dünsten.
2 Tomaten	halbieren, Stielansatz entfernen, zugeben und **5 Sekunden / Stufe 7** zerkleinern.
500 g heißes Wasser *2 TL gekörnte Gemüsebrühe* *2 EL Masala (Rezept Seite 114)*	und in den Mixtopf geben.
6 Kartoffeln	schälen, vierteln. In das Garkörbchen füllen und in den Mixtopf einhängen.
600 g Fischfilets (z.B. Seebarsch) *Saft 1 Zitrone*	mit säuern.
Salz, Kurkuma	Mit gut würzen und in den Garaufsatz legen.
1 rote Paprika	in Streifen geschnitten in Garaufsatz-Einlegeboden geben.
1 Zucchini	in Scheiben geschnitten zugeben.
1 Aubergine	längs geviertelt, in Stücke geschnitten zugeben.
Saft 1 Zitrone	über Gemüse träufeln.
Rote Gewürzpaste (Masala)	Gemüse leicht einpinseln. Garaufsatz aufsetzen.
	30 Minuten / Garstufe / Stufe 2 garen.
Garflüssigkeit	im Mixtopf lassen.

Nährwerte je 100 g: **61,05** kcal • **255,37** KJ
6,22 g Eiweiß • **1,24 g** Fett • **5,82 g** KH • **1,18 g** Ballaststoffe • **0,49** BE

100 g Kokosmilch	
30 g Weizenmehl Type	Mehl und Kokosmilch zugeben. **3 Minuten / 100°C / Stufe 4** erhitzen.
Cayennepfeffer, Salz	Mit abschmecken.

Pikantes Curryfleisch

200 g Basmatireis	in den Gareinsatz geben.
1 Knoblauchzehe	in den Mixtopf geben.
2 cm Stück Ingwer	zugeben und **3 Sekunden / Stufe 6** zerkleinern.
800 g Wasser	mit
3 TL Hühnerbrühe (Pulver)	in den Mixtopf geben und den Gareinsatz einsetzen. Deckel schließen.
200 g Rinderhüftsteak	mit
200 g Hähnchenbrustfilet	in Streifen schneiden und in den Garaufsatz geben.
Salz & Pfeffer	Mit
Indische Gewürzmischung	würzen und mit
Öl	einpinseln.
2 Frühlingszwiebeln	in Röllchen schneiden.
500 g Gemüse (Möhren, Erbsen, Blumenkohl)	putzen, in Scheibchen, bzw. Röschen schneiden.
	Alles Gemüse in den Einlegeboden des Garaufsatzes schichten und mit
2 TL gekörnte Gemüsebrühe	
Pfeffer	würzen. Garaufsatz aufsetzen und **30 Minuten / Garstufe / Stufe 2** dämpfen.

Nährwerte je 100 g: **71,84** kcal • **306,05** KJ

6,52 g Eiweiß • **0,91 g** Fett • **9,25 g** KH • **0,94 g** Ballaststoffe • **0,22** BE

Brühe für die Soße im Mixtopf lassen.

Für die Soße:

1 Dose ungesüßte Kokosmilch *Wasser*	zu der Brühe zugeben. Mit auffüllen bis ca. ½ Liter Flüssigkeit im Topf ist.
2 EL Massaman-Würzmischung (Rezept auf Seite 115)	in den Mixtopf geben und **4 Minuten / 100°C / Stufe 4** kochen.
Salz, Pfeffer, Curry	Mit nach Ende der Garzeit abschmecken.

INFO ZU GEWÜRZEN: *Safran, das teuerste Gewürz aus Vorderasien verleiht Risotto, Paella oder Kuchen das intensive Gelb. Die billigere Variante ist Kurkuma als Färbemittel.*

Masala (Rote Gewürzpaste)

6 Knoblauchzehen *1 grüne Chilischote* *3 cm Ingwer*	in den Mixtopf geben. **4 Sekunden / Stufe 8** zerkleinern.
2 rote Zwiebeln	schälen, halbieren und zugeben.
60 g Öl	zugeben und **3 Minuten / Garstufe / Stufe 1** dünsten.
Je 1 EL Salz, Kurkuma, Curry *1 EL schwarzer Pfeffer* *1 EL Korianderpulver* *1 EL Chilipulver* *1 EL Knoblauchpulver* *1 EL Kreuzkümmelpulver* *1 EL Kardamompulver*	

Nährwerte je 100 g: **106,42** kcal • **445,95** KJ
1,66 g Eiweiß • **8,31 g** Fett • **6,35 g** KH • **1,93 g** Ballaststoffe • **0,53** BE

je 1 TL gem. Nelken, Zimt, Ingwer — Gewürze zugeben und **2 Minuten / 100°C / Stufe 2** dünsten.

1 Dose passierte Tomaten (400 g)
200 g heißes Wasser — und
2 Lorbeerblätter — in den Mixtopf zugeben.

10 Minuten / 100°C / Stufe 2 kochen. Blätter herausnehmen und **10 Sekunden / Stufe 8** pürieren.

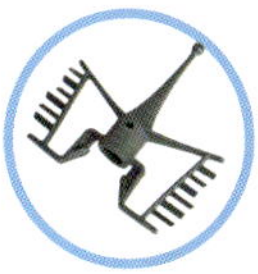

TIPP: *Die Paste kann man bis zu 3 Monaten im Kühlschrank aufbewahren oder in kleineren Portionen einfrieren.*

Massaman-Würzmischung

1 Stängel Zitronengras — auf das laufende Messer / **Stufe 9** geben.

8 getrocknete Chilis — Stiel und Samen entfernen. In den Mixtopf zugeben.

10 Knoblauchzehen — zugeben.

5 Schalotten — in Stücken zugeben.

2 cm Ingwer, geschält — zugeben und **5 Sekunden / Stufe 8** zerkleinern.

Masse in einer beschichteten Pfanne 10 Minuten ohne Öl anrösten.

1 EL Koriander — und
1 EL Kreuzkümmelpulver — in den Mixtopf geben. **2 Minuten / Garstufe / Stufe 2** erhitzen.

Obere geröstete Zutaten — abgekühlt zugeben.

5 Prisen Nelkenpulver — und
5 Prisen Zimt — zugeben und **20 Sekunden / Stufe 10** pulverisieren.

Nährwerte je 100 g: **65,45** kcal • **273,97** KJ
3,07 g Eiweiß • **1,87 g** Fett • **9,00 g** KH • **3,29 g** Ballaststoffe • **0,65** BE

Scharfes Currygewürz

10 g Chili
10 g Fenchelsamen
10 g Bockshornklee
10 g Pfefferkörner, weiß
2 Nelken

in den Mixtopf geben und **1 Minute / Stufe 10** zerkleinern.

1 TL Koriander, 10 g Kurkuma
1 geh. TL Salz
1 geh. TL Ingwerpulver
1 geh. TL Knoblauchpulver

Restliche Zutaten zugeben und **5 Sekunden / Stufe 4** vermischen.

Nährwerte je 100 g: **308,58** kcal • **1291,96** KJ
12,54 g Eiweiß • **8,95 g** Fett • **43,82 g** KH • **12,58 g** Ballaststoffe • **3,65** BE

Milde Currypaste

550 g Zwiebeln, 5 g Ingwer
1 Knoblauchzehe
1 Chilischote

Zutaten in den Mixtopf geben. **6 Sekunden / Stufe 5** zerkleinern.

30 g Öl

zugeben und **8 Minuten / Garstufe / Stufe 1** dünsten.

150 g Tomaten

halbiert zugeben. **10 Sekunden / Stufe 7** zerkleinern.

je 1 TL Salz, Kurkuma
½ TL Kreuzkümmel
1 Stange Zimt, 2 Prisen Nelken
2 Lorbeerblätter

Gewürze zugeben und **18 Minuten / 100°C / Stufe 3** kochen. Zimtstange und Lorbeerblätter entfernen und **15 Sekunden / Stufe 10** pürieren.
In Marmeladengläser füllen und sofort verschließen.

Nährwerte je 100 g: **30,30** kcal • **126,31** KJ
1,33 g Eiweiß • **0,42 g** Fett • **4,97 g** KH • **1,78 g** Ballaststoffe • **0,41** BE

Naan (Hefebrot)

150 g Vollmilchjoghurt	und
240 g Vollmilch	in den Mixtopf geben und **2 Minuten / 37°C / Stufe 1** erwärmen.
700 g Weizenmehl Type 405 *10 g Zucker, 1 Würfel Hefe* *2 TL Salz*	Restliche Zutaten zugeben und **3 Minuten / Brotstufe** kneten.
	Zugedeckt an einem warmen Ort 25 Minuten gehen lassen. Teigovale formen.
Mohn	Brötchen mit Wasser bepinseln und mit Mohn bestreuen.
Würzige Variante:	statt Mohn darüberstreuen 5 Prisen Koriander und ½ TL Chiliflocken mitkneten.
	In kalten Backofen schieben. Auf mittlerer Schiene bei **200°C (Ober- / Unterhitze) 20 Minuten** backen.

Nährwerte je 100 g: 241,72 kcal • 1010,86 KJ
8,42 g Eiweiß • 2,06 g Fett • 46,44 g KH • 3,27 g Ballaststoffe • 3,87 BE

Chapatis

500 g Weizenmehl Type 405 *10 g Olivenöl, ½ TL Kardamom* *2 gestr. TL Meersalz* *230 g Wasser*	Alle Zutaten in den Mixtopf geben und **2 Minuten / Knetstufe** kneten.
	Dünne Fladen auswellen.
	Ohne Öl in beschichteten Pfanne bei mittlerer Hitze ausbacken.

INFO: *Chapatis werden zusammengerollt als Art Löffel zu den Gerichten gereicht. Es schmeckt auch sehr gut zu Salaten oder man wickelt eine süße oder deftige Füllung ein.*

Nährwerte je 100 g: 236,68 kcal • 989,63 KJ
6,54 g Eiweiß • 2,01 g Fett • 47,30 g KH • 2,69 g Ballaststoffe • 3,94 BE

Kokos-Eiscreme mit Mangosoße

Vorher:

400 g Kokosmilch *200 g Sahne*	In mehrere Eiswürfelbeutel umfüllen und gefrieren lassen.
25 g gehackte ungesalzene Pistazien	in Mixtopf geben und **3 Minuten / Garstufe / Stufe 1** rösten. Umfüllen.
1 Dose Mango (420 g), mit Saft	in den Mixtopf geben. **6 Sekunden / Stufe 6** zerkleinern. Mangosoße in Dessertschalen verteilen.
in Würfel gefr. Kokosmilch *in Würfel gefr. Sahne* *30 g Zucker* *50 g Schlagsahne* *1 Pck. Bourbonvanillezucker*	Alle Zutaten in den Mixtopf geben **15 Sekunden / Stufe 9** zerkleinern Falls die Masse nicht cremig genug ist, etwas Sahne zugeben. Eiscreme auf Mangosoße verteilen und mit Pistazien und Melisseblätter garniert sofort servieren.

Nährwerte je 100 g: **132,06** kcal • **554,31** KJ
1,15 g Eiweiß • **8,07 g** Fett • **13,79 g** KH • **0,48 g** Ballaststoffe • **1,15** BE

Kokospudding mit Obst

1 Dose Kokosmilch (400 ml)
1 Ei
40 g Zucker
1 Pck. Vanillepudding
100 g Vollmilch

Rühraufsatz einsetzen!
Alle Zutaten in den Mixtopf geben und **6 ½ Minuten / 100°C / Stufe 3** kochen.

Pudding in Dessertschalen verteilen und mind. 1 Stunde kaltstellen.

Ananas, Bananen (ca. 300 g)

nach Belieben in mundgerechte Stücke schneiden und über den Pudding verteilen.

Nährwerte je 100 g: **82,15** kcal • **344,76** KJ
1,54 g Eiweiß • **1,35 g** Fett • **15,63 g** KH • **0,53 g** Ballaststoffe • **1,30** BE

Bananenküchlein

20 g Butter	in den Mixtopf geben. **1 Minute / 37°C / Stufe 1** erwärmen.
200 g Weizenmehl Type 405 *100 g Vollmilch + 2 Eier* *10 g Rohrzucker* *1 TL Backpulver* *1 Prise Salz* *Mark ½ Vanilleschote*	alles zugeben und **10 Sekunden / Stufe 5** mischen.
3 Bananen	in Stücken zugeben und **4 Sekunden / Stufe 3-4** mischen.
Öl	kleine goldgelbe Küchlein ausbacken.

TIPP: *Nehmen Sie Mango statt Bananen.*

Nährwerte je 100 g: **188,11** kcal • **787,64** KJ
5,74 g Eiweiß • **4,95 g** Fett • **29,60 g** KH • **1,89 g** Ballaststoffe • **2,47** BE

Mandelpudding

30 g Milchreis	in den Mixtopf geben und **1 ½ Minute / Stufe 10** zerkleinern.
100 g Mandeln	zugeben und **6 Sekunden / Stufe 10** zerkleinern.
25 g Ghee *300 g Sojamilch* *30 g Zucker*	Restliche Zutaten in den Mixtopf geben und **10 Minuten / 100°C / Stufe 2** erhitzen. Mit Minzeblättern garniert servieren!

Nährwerte je 100 g: **303,75** kcal • **1272,08** KJ
14,03 g Eiweiß • **22,47 g** Fett • **11,85 g** KH • **7,84 g** Ballaststoffe • **0,99** BE

Bananen-Limetten-Lassi

1 reife Banane
Saft und Schale einer Limette, unbehandelt
500 g Vollmilchjoghurt
1 Prise Muskat
1 Prise Kardamom
5 g Akazienhonig
1 Palette Eiswürfel

Alle Zutaten in den Mixtopf geben und **30 Sekunden / Stufe 10** mixen.

Sofort servieren!

Nährwerte je 100 g: **54,38** kcal • **226,84** KJ
2,12 g Eiweiß • **2,38 g** Fett • **5,45 g** KH • **0,28 g** Ballaststoffe • **0,45** BE

Mango-Lassi

2 reife Mango oder
1 Dose (Füllmenge 425 g)
500 g Buttermilch
100 g Frischkäse
20 g Akazienhonig

Alle Zutaten in den Mixtopf geben und **20 Sekunden / Stufe 6** mischen. Sofort servieren!

Nährwerte je 100 g: **90,93** kcal • **381,06** KJ
2,72 g Eiweiß • **3,35 g** Fett • **12,00 g** KH • **0,38 g** Ballaststoffe • **1,00** BE

Indischer Kaffee

500 g Vollmilch
500 g heißes Wasser — in den Mixtopf geben und **9 Minuten / 100°C / Stufe 2** erhitzen.

20 g gemahlener Kaffee — zugeben und **1 Minute / Garstufe / Stufe 1** erhitzen.

20 g Zucker
5 Prisen Muskat
5 Prisen Kardamom
2 Prisen Safran — Rest zugeben und **5 Minuten / 90°C / Stufe 2** kochen.

Durch einen Kaffeefilter abgießen und sofort servieren!

Nährwerte je 100 g:	41,89 kcal • 175,88 KJ
1,78 g Eiweiß • 1,93 g Fett • 4,24 g KH • 1,25 g Ballaststoffe • 0,35 BE	

Melonendrink

500 g Melone — schälen, entkernen, in den Mixtopf geben.

200 g Erdbeeren — gewaschen zugeben.

Mark 1 Vanilleschote
50 g Grenadinesirup
20 g Akazienhonig
2 Prisen Chilipulver
1 Palette Eiswürfel — Restliche Zutaten zugeben. **30 Sekunden / Stufe 10** mixen. Gleich servieren!

Sorgt für Schwung, ist aufmunternd und gut für die Seele!

Nährwerte je 100 g:	47,62 kcal • 199,79 KJ
0,49 g Eiweiß • 0,20 g Fett • 10,64 g KH • 0,59 g Ballaststoffe • 0,89 BE	

Index

A

B

D

E

F

G

H

K

L

M

P

Index